BEI GRIN MACHT SICH IHR
WISSEN BEZAHLT

- Wir veröffentlichen Ihre Hausarbeit,
  Bachelor- und Masterarbeit

- Ihr eigenes eBook und Buch -
  weltweit in allen wichtigen Shops

- Verdienen Sie an jedem Verkauf

Jetzt bei www.GRIN.com hochladen
und kostenlos publizieren

Bibliografische Information der Deutschen Nationalbibliothek:

Die Deutsche Bibliothek verzeichnet diese Publikation in der Deutschen National-
bibliografie; detaillierte bibliografische Daten sind im Internet über http://dnb.d-
nb.de/ abrufbar.

Impressum:

Copyright © 2017 GRIN Verlag, Open Publishing GmbH
Druck und Bindung: Books on Demand GmbH, Norderstedt Germany
ISBN: 9783668425132

Dieses Buch bei GRIN:

http://www.grin.com/de/e-book/356768/rahmenbedingungen-der-personal-und-
organisationspsychologie

Jana Berg

Rahmenbedingungen der Personal- und Organisations-psychologie

Kommunikations- und Wissensgesellschaft

GRIN Verlag

GRIN - Your knowledge has value

Der GRIN Verlag publiziert seit 1998 wissenschaftliche Arbeiten von Studenten, Hochschullehrern und anderen Akademikern als eBook und gedrucktes Buch. Die Verlagswebsite www.grin.com ist die ideale Plattform zur Veröffentlichung von Hausarbeiten, Abschlussarbeiten, wissenschaftlichen Aufsätzen, Dissertationen und Fachbüchern.

Besuchen Sie uns im Internet:

http://www.grin.com/

http://www.facebook.com/grincom

http://www.twitter.com/grin_com

Prüfungsform: Hausarbeit/Einsendeaufgabe

Kommunikations- und Wissensgesellschaft

SRH FernHochschule Riedlingen

Studiengang: Wirtschaftspsychologie

Modul: Rahmenbedingungen der Personal- und Organisationspsychologie

Inhalt

Abkürzungsverzeichnis

bzw.=beziehungsweise

u.a. = unter anderem

Aufgabe 1: Worin unterscheidet sich die moderne „Kommunikations- und Wissensgesellschaft" von der „industriellen (Massen-)Produktionsgesellschaft" des 20. Jahrhunderts?

1 Einleitung

Die Historie zeigt einen stetigen Wandel von kennzeichnenden Merkmalen etwaiger Gesellschaftsformen. Dieser Textteil beschreibt in Kapitel 2 den Wechsel einer früheren Agrarwirtschaft zur Industrie- und Dienstleistungsgesellschaft. Im Fokus stehen hier die technologischen Fortschritte, die primär die Entwicklung ermöglicht haben. Kapitel 3 greift die technologischen Veränderungen weiter auf, die sich überwiegend auf die Informations- und Kommunikationstechnologie beziehen und den Schritt in eine heutige Wissens- und Kommunikationsgesellschaft ermöglichten. Die damit einhergehenden Herausforderungen werden in Kapitel 4 näher erläutert.

2 Die industrielle (Massen-) Produktionsgesellschaft des 20. Jahrhunderts – von der Agrarwirtschaft über die Industriegesellschaft zur Dienstleistungsgesellschaft

Gegen Ende des 19. Jahrhunderts vollzog sich der Wechsel der Agrargesellschaft hin zu einer Industriegesellschaft. Der Soziologe Henri de Saint-Simon (1760-1825) führte erstmals den Begriff der Industriegesellschaft ein. Als wesentliches Merkmal beschreibt Saint-Simon die industrielle Produktionsweise. Das erworbene technologische Wissen veränderte nachhaltig die Produktionsmöglichkeiten und steigerte das quantitative und qualitative Output der Güter. Der Historiker Arnold Toynbee spricht gegen Ende des 19. Jahrhundert von einer industriellen Revolution, da der Wandel technologischer Möglichkeiten großen Einfluss auf gesamtgesellschaftliche Veränderungen mit sich brachte. Taylor (1856-1915) hatte dabei wesentlichen Anteil an Veränderungsprozessen der Wirtschaft.[1] Mit dem Ansatz Arbeiten in kleinste

---

[1] Vgl. Geißler, R.: (07.02.2017), S.5-6
www.springer.com/cda/content/document/cda.../9783531186290-c1.pdf?SGWID

Einheiten zu teilen schaffte er neue Lösungswege zur Steigerung der Produktivität. Der Grundgedanke war, dass die Arbeiter ausschließlich eine bestimmte Tätigkeit bzw. einen Arbeitsschritt wiederholt erledigten. Durch diese stetige Wiederholung wurden die Mitarbeiter immer effizienter in dem jeweiligen Arbeitsschritt. Der Mensch gilt hier als Produktionsfaktor. Auch heute arbeiten einige Organisationen noch nach diesem Schema, wenngleich es auch kritische Stimmen zu dem Modell gibt. Die Monotonie der Arbeit und der fremdbestimmte Ansatz können zu einer Unterforderung führen. Es ist davon auszugehen, dass hier eine Erklärung hoher Krankenstände liegt.[2] Der zuvor erwähnte Einfluss auf gesamtgesellschaftliche Veränderungen wird von Lorenz von Stein (1815-1890) und Karl Marx (1818-1883) als die Wandlung einer Ständegesellschaft hin zu einer Klassengesellschaft beschrieben. Auch wenn die Herkunft und Abstammung nicht gänzlich irrelevant wurde, waren Besitztümer und Einkommen die wesentlichen Faktoren, die über die jeweilige gesellschaftliche Stellung dominierte. Die Menschen ergriffen die neuen Chancen, die vordergründig durch technologische Errungenschaften geschaffen wurden und siedelten sich nach und nach in den Städten an.[3] Zudem veränderte sich die Bildungslandschaft. Während zu Zeiten der Agrargesellschaft primär Latein, Französisch und Rechnen für den Klerus bzw. Adel angedacht war und in den Dorfschulen religiöse Themen gelehrt wurden, sah man in der folgenden Industriegesellschaft die Notwendigkeit einer Weiterentwicklung. Der Bedarf an Beamten und Fachkräften aus dem technischen Bereich wuchs und sorgte damit für einen höheren Stellenwert der Gymnasien und Hochschulen. Gleichzeitig ermöglichte der Staat vielen Bürgern eine verbesserte Schulbildung dadurch, dass die Schulen finanziert und organisiert wurden und er sich für ein Verbot von Kinderarbeit aussprach.[4] In der Literatur wird die Industriegesellschaft immer wieder auch als eine Zwischenstufe von Agrar- und Dienstleistungsgesellschaft bezeichnet.[5] U.a. ist dies auf die Drei-Sektoren-Hypothese von Jean Fourastié zurückzuführen. Die Hypothese stellt eine Schwerpunktverlagerung der wirtschaftlichen Tätigkeiten auf, demnach sich der primäre Wirtschaftssektor, die Produktionsgewinnung, auf den sekundären Sektor, der Produktionsverarbeitung

---

[2] Vgl. Maier, G.W.: (09.02.2017), http://wirtschaftslexikon.gabler.de/Definition/taylorismus.html
[3] Vgl. Geißler, R.: (07.02.2017), S. 12-13
www.springer.com/cda/content/document/cda.../9783531186290-c1.pdf?SGWID
[4] Vgl. Gill, B.: 2010, S. 2, http://b-gill.userweb.mwn.de/Lehrveran/10WS/lv2_fol/F10.pdf
[5] Vgl. Jendryschik, M.: (10.02.2017), http://jendryschik.de/archiv/wissensgesellschaft

und schließlich auf den tertiären Sektor, der Dienstleistung, bewegt.[6] Der stetige Zuwachs der Dienstleistungsangebote kann vier Hauptbereichen zugeteilt werden. Diese sind gesellschaftsbezogene, wirtschaftsbezogene, distributive und haushaltsbezogene Dienstleistungen. Seit Mitte der 19-er Jahre hat sich die Verteilung von Erwerbstätigen aus den primären und sekundären Wirtschaftssektoren fortbewegt und für einen dementsprechenden Zuwachs des tertiären Sektors gesorgt. Dennoch verschwinden die Sektoren nicht gänzlich. Vielmehr kann von einer Industrialisierung des Dienstleistungsbereichs gesprochen werden.[7]

3 Der Wechsel zu einer moderne Kommunikations- und Wissensgesellschaft und damit verbundene Auswirkungen

Die gesellschaftlichen und insbesondere wirtschaftlichen Veränderungen erforderten eine Weiterentwicklung der technologischen Möglichkeiten. Mit der Digitalisierung von Informationen konnten Organisationen auf globaler Ebene zeitnah interagieren. Dieser Fortschritt eröffnete neue Beschaffungs- und Absatzwege über nationale Grenzen hinaus. Inzwischen verfügen etwa 87% der Unternehmen über einen Internetzugang und nutzen diesen zur Übermittlung interner Daten, ebenso zu Zwecken der Außendarstellung. Die Fortschritte der Informations- und Kommunikationstechnologien brachten eine Automatisierung verschiedener Prozesse mit sich, die eine Reduzierung benötigter Arbeitskräfte mit sich zog. Für die Zukunft bedeutet der kontinuierliche Ausbau einer mechanisierten Automatisierung, dass auch Hochqualifizierte sich neuen Berufsfeldern bzw. dahingehende Kompetenzen erweitern müssen. Gleichzeitig vollzieht sich ein demographischer Wandel innerhalb der erwerbstätigen Bevölkerung. Seit 2000 ist ein wachsender Geburtenrückgang festzustellen, der zur Folge hat, dass mehr Erwerbstätige ausscheiden als nachrücken. In einigen Branchen wird von einem massiven Fachkräftemangel gesprochen. Dieser Trend ermöglicht bestimmten Personengruppen auch Chancen, die die Unternehmen bereits aufgegriffen haben.[8] Mittlerweile spricht die Literatur von unserem aktuellen Status als Wissensgesellschaft. Der Begriff einer

---

[6] Vgl. Gonschorrek, U./Hoffmeister, W.: 2006, S. 172
[7] Vgl. Breger, W./Tracht, C.: 2014, S. 25-29

Informationsgesellschaft greift wie es scheint zu kurz. Die UNESCO beschreibt hierzu vier beschreibende Prinzipien und sieht diese als interdisziplinäres Konzept. Dieses beinhaltet die Meinungs- und Pressefreiheit, der Zugang zu Informationen und Wissen und die Bildung für alle Menschen, ebenso wie die kulturelle Vielfalt. Ausgerecht beim Treffen des UN-Weltgipfels zur Informationsgesellschaft erhält das Konzept der Wissensgesellschaft formale Anerkennung.[9] Im Gegensatz zur beginnenden Industriegesellschaft ist es nun auch Mädchen bzw. Frauen möglich eine höhere Bildung zu genießen und das fast auf globaler Ebene. Hierbei interessiert nicht ausschließlich mehr die Erweiterung inhaltlichen Bildungswissens, vielmehr besteht der Anspruch das Lernen zu erlernen.[10] Die beschriebenen Veränderungen im Bereich der Bildungschancen für Frauen haben den Arbeitsmarkt für Frauen weiter erschlossen. Als Resultat dieser Entwicklung ist ein stetiger Zuwachs von weiblichen Erwerbstätigen festzustellen, die die Anzahl von Teilzeitarbeitsmodellen quantitativ stark erhöht haben. Mit dem Ausbau weiblicher Beschäftigten ist zeitgleich der zuvor erwähnte Geburtenrückgang zu beobachten und ein anteiliger Rückgang männlicher Erwerbspersonen.[11]

Peter F. Drucker formuliert zwischen 1949 – 1969 die Begriffe einer Angestelltengesellschaft, gefolgt von der Bildungsgesellschaft bis schließlich zur Wissensgesellschaft. Kennzeichnend sei, nach Drucker, dass das Wissen an sich die Quelle des Wachstumes sei. Hieran hält Drucker auch im Nachhinein fest und beschreibt in seinen neueren Werken, die Wissensgesellschaft als eine post-kapitalistische Gesellschaft, sowie damit verbundenen Herausforderungen und mögliche Konflikte, die zwischen Dienstleistern und Wissensarbeitern entstehen könnten.[12] Vielfach wird in der Literatur auch der Begriff eines Wissensarbeiter aufgegriffen. Auch Robert Reich, Daniel Bell und Manuell Castell beschäftigen sich mit zugehörigen Merkmalen dieser Gesellschaftsform. Nach Robert Reich zeichnet sich der typische Wissensarbeiter durch ein hohes Maß analytischen Denkvermögens aus. Die Kernaufgabe sei die

[9] Vgl. Metze-Mangold, V.: https://www.unesco.de/fileadmin/medien/Dokumente/Kommunikation/Metze-Mangold_Wissensgesellschaft_Vortrag_Dresden_2012.pdf, S.5-6 (13.02.2017)
[10] Vgl. Gill, B.: 2010, S. 2, http://b-gill.userweb.mwn.de/Lehrveran/10WS/lv2_fol/F10.pdf
[11] Vgl. Breger, W./Tracht, C.: 2014, S: 33
[12] Vgl. Steinbicker, J.: http://link.springer.com/chapter/10.1007%2F978-3-531-93356-6_3#page-2 , S. 20-21 (14.02.2017)

Problemidentifikation des beschriebenen *Systemanalytikers*. Weiter hebt sich der Wissensarbeiter durch einen höheren Bildungsabschluss ab und hätte in der Regel flexible Arbeitszeiten. Er unterstellt ein hohes Einkommen für diesen Typen des Arbeitnehmers. Bell hingegen geht nicht näher auf spezifische Merkmalsbeschreibungen der Wissensarbeit ein. Nach seinem Verständnis zählen zu dem Typus des Wissensarbeiters die Forschenden und Administratoren.[13] Bereits Ende des 18. Jahrhunderts bzw. Anfang des 19. Jahrhunderts wurde die künftige Bedeutung von Wissen u.a. von Max Weber betont. Die heutige Bedeutsamkeit liegt zum einen in dem Vorhandensein von Wissen, allerdings ebenso in der schnellen Verbreitung dieses Wissens. Weltweit können neue Erkenntnisse binnen Sekunden digital übermittelt werden. Der Kerngedanke ist somit eine flächendeckende Informations- und Wissensverbreitung, die jedoch nicht jeden Menschen erreicht. Gerade Sozialschwache können nicht umfassend von diesen Möglichkeiten partizipieren. Die bisherigen Ambitionen könnten daher weiterreichen und den Begriff einer Bildungsgesellschaft integrieren, mit dem Ziel auch sozial schwächere Menschen den Zugang zu ermöglichen.[14]

4 Gesellschaftliche Herausforderungen in Hinblick auf Digitalisierung und Vernetzung der unterschiedlichen Lebensbereiche

Die Weiterentwicklung bzw. der Wandel hin zu einer Dienstleistungs- und Wissensgesellschaft stellt neue Herausforderungen an verschiedene Akteure unserer Gesellschaft. Die zuvor beschriebene Gleichstellung von Mann und Frau hat weitreichende Auswirkungen auf die Geburtenrate, Organisation der Kinderbetreuung und Pflege älterer Familienangehöriger. Die Vereinbarkeit von Berufs-, Privat-, und Familienleben ist für viele Menschen eine fordernde Aufgabe geworden. Unternehmen und Politik sind schon lange gefragt hier entsprechende Ansätze und Lösungen zu finden, um ein Gleichgewicht im Sinne einer Work-Life-Balance zu begünstigen und zugleich dem Fachkräftemangel entgegen zu

---

[13] Vgl. Kalkowski, P./Mickler, O.: S. 119 (14.02.2017)
http://www.sofigoettingen.de/fileadmin/Publikationen /SOFI-Mitteilungen_30_kalkowski_mickler.pdf
[14] Vgl. Arnold, N.: 2012, S. 3

wirken. Hier wird zum einen ein Lösungsansatz in der Beteiligung von Zuwanderern gesehen, die fehlende Personalressourcen ausgleichen sollen und der Ausbau von Älteren und Frauen im beruflichen Kontext, als auch Konzepte zur Kompetenzentwicklung bestehender Mitarbeiter und die notwendige Bindung an das jeweilige Unternehmen. Ein weiterer Ansatz, der aus Wirtschaft und Politik kommt, ist die Möglichkeit der flexibleren Beschäftigungsmöglichkeiten. Hier soll das Individuum selbst im Fokus stehen und ihm Möglichkeiten einer Entlastung angeboten werden. Als Beispiel kann die wachsende Anzahl von Vätern genannt werden, die die gesetzlich geregelte Elternzeit in Anspruch nimmt. Während die Anzahl schwerwiegender Arbeitsunfälle und typische berufsbedingte Erkrankungen zurückgegangen ist, haben sich neue Krankheitsbilder entwickelt. Gerade psychische Erkrankungen Erwerbstätiger nehmen stetig zu. [15] Die veränderte Arbeitswelt, mit ihren neuen Belastungen, sei förderlich für die Zunahme derartiger Erkrankungen. Zu diesem Thema schalten sich nun auch Arbeitgeberverbände und das Bundesministerium ein, um diesem Trend mit Gesetzesveränderungen und Sanktionsmöglichkeiten Einheit zu gebieten.[16]

Aufgabe 2: Was ist unter einem Arbeitskraftunternehmer zu verstehen? Welche Chancen und Risiken ergeben sich für den Einzelnen und die Gesellschaft?

1. Einleitung

Im Kontext der Arbeits- und Personalpsychologie beschäftigten sich bereits Anfang des 20. Jahrhunderts Psychologen und Philosophen wie Münsterberg, Moede und Giese mit Fragestellungen zum arbeitenden Menschen. Diese Auseinandersetzung gilt als Grundstein nachfolgender Menschenbilder in der Arbeitswelt.[17] Verschiedene historische Meilensteine führten dann in den 1980er Jahren zum Typus des Arbeitskraftunternehmens. Angesichts des damaligen Strukturwandels von Arbeit und Wirtschaft formulierten Soziologen neue Ansätze

[15] Vgl. Breger, W./Tracht, C.: 2014, S. 34-35
[16] Vgl. Roschker, N. S.: 2014, S.1
[17] Vgl. Treier, M.: 2011, S. 27

effektiver Arbeitskraftmodelle.[18] Anfang des 21 Jahrhunderts erfolgte hierzu ein Forschungsprojekt der Hans-Böckler-Stiftung, in der u.a. untersucht wurde, in wie weit das Profil des Erwerbstätigen mit dem des Typus des Arbeitskraft-unternehmers übereinstimmt.[19] Die Zeitspanne der ersten Ansätze bis heute geben Anlass einer genaueren Betrachtung des heutigen Idealtyps in der Arbeitswelt.

2. Definition Arbeitskraftunternehmer

„Der Arbeitskraftunternehmer ist die gesellschaftliche Form der Ware Arbeitskraft, bei der Arbeitende nicht mehr primär ihr latentes Arbeitsvermögen verkaufen, sondern (inner- und überbetrieblich) vorwiegend als Auftragnehmer für konkrete Beiträge zum betrieblichen Ablauf überführen, für die sie kontinuierlich funktionale Verwendungen (d.h. Käufer) suchen müssen." Voß/Pongratz

3. Erläuterung der Arbeitskraftunternehmerthese

Die Arbeitskraftunternehmerthese beschreibt einen im Postfordismus vorherrschenden Typus von Arbeitskraft.[20] Dabei zeichnet den Arbeitskraft-unternehmer, auch als Homo flexibilis bezeichnet,[21] ein hohes Maß an selbstorganisatorischen Fähigkeiten und eigenverantwortlichem Arbeiten aus. Diese Attribute sind gerade in beratenden Bereichen, der Medien- und IT-Branche, als auch in der New-Economy gefordert. Im Fokus steht dabei das Arbeitsergebnis, das der Lieferne dem Kunden präsentiert. Das Verhältnis des Arbeitenden zu sich selbst, und die innere Haltung, unterscheidet diesen Typus von anderen Menschenbildern. Hierbei ist unbedeutend, ob es sich dabei um ein abhängiges oder unabhängiges Beschäftigungsverhältnis handelt.[22] Allerdings ist der beschriebe Arbeitskraftunternehmer überwiegend in Organisationen zu finden, die vielfach Hochqualifizierte und Selbstständige beschäftigen.[23] In der

---

[18] Vgl. Aulenbacher, B./Funder, M./Jacobsen, H./Völker: 2007, S. 98
[19] Vgl. Pongratz, H.J./Voß, G. G..:2003, S.228
http://www.boeckler.de/wsimit_2003_04_pongratz.pdf
[20] Vgl. Lutz, K./Zeh, K.: 2007, S.3 (18.02.2017) http://www.ewi-psy.fu-berlin.de/einrichtungen/arbeitsbereiche/arbpsych/media/lehre/ws0708/12730/ausarbeitung_arbe itskraftunternehmer.pdf
[21] Vgl. Treier, M.: 2011, S. 31
[22] Vgl. Breger, W./Tracht, C.: 2014, S. 97
[23] Vgl. Daser, B.: 2009, S.68

Selbstbetrachtung agiert der Arbeitskraftunternehmer wie ein Unternehmer[24] und sieht sich in der Rolle des Kontrolleurs seiner eigenen Aktivitäten. [25] Er investiert in sich selbst und seine Subjektqualitäten um somit der Vielzahl unterschiedlicher Aufgaben gerecht zu werden. Dies fordert viel Flexibilität (fachlich, zeitlich, räumlich) und macht die Bereitschaft einer kontinuierlichen Weiterentwicklung unabdingbar. Im Fokus steht hierbei eine ganzheitliche Entwicklung, die nicht auf die Fachkompetenz beschränkt ist. Gerade die Vermarktung seiner eigenen Person, und die damit einhergehende notwendige Vernetzung, charakterisieren den Typus ebenso. Es sind somit eine Vielzahl von Kompetenzen nötig um dieser Rolle gerecht zu werden.[26] Zudem ergibt sich die stetige Herausforderung einer Anpassung neuer Arbeits- und Lebenssituationen bei gleichzeitigem Abbau von Gefühlen der Zugehörigkeit im Sinne einer Organisationsintegration.[27] Dieser Wandel ist hauptsächlich durch die in den achtziger Jahren entstandene und fortlaufende Globalisierung der Wirtschafts- und Arbeitsmärkte zu begründen. Die dadurch entstandenen Herausforderungen für Unternehmen haben dementsprechend Anforderungen an Arbeitnehmer verändert. Eine Umstellung ist somit auf Unternehmerseite und Erwerbstätigenseite festzustellen. Die gewünschte Flexibilität an Arbeitende fordert gleichzeitige Flexibilität der Organisationen und das Schaffen von Freiräumen. Eine Notwendigkeit, die Unternehmen angesichts einer stetigen Wettbewerbssituation eingehen. Die Auswahl an unterschiedlichen Handlungsmöglichkeiten ist bekanntlich förderlicher als starre Einschränkungen und begünstigen sowohl die Kreativität als auch die Motivation von Menschen. Damit ist eine allgemeine Reduzierung von Steuerung und Kontrolle festzustellen, die jedoch nicht gänzlich verschwindet. Sie taucht in Form von Zielvereinbarungen auf, die die Organisation mit der Arbeitskraft vereinbart. Der Grad der Zielerreichung gibt dem Unternehmen Auskunft über die Leistungen ihrer arbeitenden Ressource.[28] Zusammenfassend können drei wesentliche Merkmale des Typus festgehalten werden:

---

[24] Vgl. Treier, M.: 2011, S. 31
[25] Vgl. Breger, W./Tracht, C.: 2014, S. 97
[26] Vgl. Breger, W./Tracht, C.: 2014, S. 100
[27] Vgl. Wilkens, U.: 2004, S.30-31
[28] Vgl. Vonken, M.: 2005, S.89-90

Selbst-Ökonomisierung	Erwerbstätiger wird „Unternehmer seiner selbst": Individuelle Arbeitskraft wird zur „Ware", die es zu vermarkten gilt.
Selbst-Kontrolle	Verlagerung des Transformationsproblem auf den Arbeitskraftunternehmer: Planung, Steuerung und Überwachung der eigenen Aktivitäten.
Selbs-Rationalisierung	Selbst-Kontrolle und Selbst-Ökonomisierung innerhalb des Beruf- und Privatlebens: Verschmelzung wirkt sich auf das Leben insgesamt aus als eine „Verbetrieblichung" der Lebensführung

Tabelle 1: Merkmale des Typus Arbeitskraftunternehmer
(Quelle: In Anlehnung an Pongratz/Voß: 2003, S. 4)[29]

4. Mögliche Risiken und Chancen des Subjekts und im Kontext einer gesamtgesellschaftlichen Betrachtung

Der These nach erfolgt eine Verschmelzung der Grenzen des Berufs- und Privatlebens.[30] Arbeitnehmer befürchten dabei eine Zunahme an Arbeitsaufwand und psychische Belastungen.[31] Einerseits können Individuen entsprechende Entscheidungsfreiheiten und eine gewisse berufliche Flexibilität gewinnen. Aufgrund einer geforderten kontinuierlichen Eigenvermarktung, der Netzwerkpflege und dem Anspruch der stetigen Weiterentwicklung steigt jedoch zugleich der Koordinationsaufwand im privaten Bereich. Da auch die Arbeitszeiten variieren und sich an den jeweils aktuellen beruflichen Gegebenheiten anpassen, ist eine langfristige Planung und Organisation privater Aktivitäten nicht immer gegeben. Gerade für Erwerbstätige mit familiären Verpflichtungen ergibt sich daraus ein erhöhter Kommunikations- und Abstimmungsaufwand bis hin zu einem allgemeinen Synchronisierungsproblem. Hier sind Kompetenzen im Bereich des Selbstmanagements sehr wichtig. Die daraus resultierende psychische Präsenz kann bis zur individuellen Selbstaufgabe führen. Es ist schwieriger vom beruflichen Alltag abzuschalten und sich auf den privaten Bereich vollends zu konzentrieren. Das Individuum investiert viel Zeit und Geld um sich stetig weiterzubilden.[32] Dem Typus verlangt

---

[29] Vgl. Pongratz, H.J./Voß, G. G..:2003, S.
4http://www.arbeitenundleben.de/downloads/AKUSowiOrig.pdf
[30] Vgl. Breger, W./Tracht, C.: 2014, S. 98
[31] Vgl. Jankowski, T.: 2015 (03.01.2017)
http://www.rundstedt.de/presse/pressemitteilungen/talents-trends-work-life-blending/
[32] Vgl. Breger, W./Tracht, C.: 2014, S. 102

es einer Analyse seiner Zielvorstellungen und gleichzeitigem Abgleich mit aktuellen und künftigen Marktanforderungen ab.

Zudem bewertet er seinen Grad des Wollens hinsichtlich von In- und Output im genannten zeitlichen und finanziellen Kontext. Sowohl das Individuum, als auch gesamtgesellschaftlich betrachtet besteht das Risiko einer allgemeinen Überforderung. Die einerseits vom Mitarbeiter geforderte Loyalität der Organisation gegenüber und Identifikation mit dem Unternehmen steht in einem Wiederspruch zu den drei zuvor beschriebenen wesentlichen Merkmalen des Typus Arbeitskraftunternehmer.[33]

5. Kritische Hinterfragung der These

Der These des Arbeitskraftunternehmers wurde bisher viel Aufmerksamkeit geschenkt. Nach Strauß (2002) sei bestätigt, dass es in den letzten Jahrzehnten Änderungen in unserem beruflichen Alltag gegeben habe. Viele Erwerbstätige würden diese auch als gravierend beschreiben. Die revolutionäre Neuheit dieser Entwicklung stellt er jedoch dabei in Frage. Vielmehr sei dieser Ansatz eine graduale Folge einer kapitalistischen Gesellschaft.[34] Eine Verschmelzung von Berufs- und Privatleben ist primär bei höher Qualifizierten festzustellen und betrifft demnach nicht die Allgemeinheit der Erwerbstätigen. Über die Verbreitung des Konzeptes gibt es zudem nur wenige Studien und Belege.[35]

Aufgabe 3: Was versteht man unter „virtuellen Teams"?

1 Einleitung zur Verständnisklärung „virtueller Teams"

Im Zeitalter kontinuierlicher Entwicklungs- und Veränderungsprozesse hat sich auch die Begrifflichkeit des „virtuellen Teams" im beruflichen Kontext etabliert.[36] Die Globalisierung, in der sich strategische Partnerschaften der verschiedensten Standorte der Welt zusammengeschlossen haben, sind ein Hinweis für diese

---

[33] Vgl. Breger, W./Tracht, C.: 2014, S. 102
[34] Vgl. Kuda, E./Strauß, J.: 2002, S.46-49
[35] Vgl. Breger, W./Tracht, C.: 2014, S. 101
[36] Vgl. Sulzbacher, M.: 2003, S. 9

Entwicklung.[37] Eine allgemeingültige Definition der Begriffskombination liefert die Literatur dabei nicht. Allerdings lässt sie sich anhand einzelner Bestandteile, Merkmale und Eigenschaften und unter Nennung involvierter Akteure beschreiben.[38]

1.1 Abgrenzung Team vs. Gruppe

Um sich einer Verständnisklärung anzunähern, können Unterschiede zwischen einem Team und einer Arbeitsgruppe bzw. Arbeitsgemeinschaft beschrieben werden. Fälschlicherweise werden Gruppen oftmals als Teams bezeichnet.[39] Hierbei können zwar Gemeinsamkeiten identifiziert werden, wie etwa die Mindestanzahl von 2 Personen, die auf ein Team oder auf eine Gruppe hindeuten, jedoch kann eine Gruppe, im Gegensatz zu einem Team beliebig viele Mitglieder haben. Die Anzahl der Teammitglieder findet eine Begrenzung. Auch die Dauer des Zusammenschlusses eines Teams, ist anders als bei einer Gruppe, zeitlich festgelegt.[40] Die Gruppe zeichnet sich durch ein klares Hierarchiegefüge ab. In einem Team ist dies so nicht kennzeichnend. Wenngleich es auch einen Teamleiter gibt, ist eine Hierarchiefreiheit vorgesehen. Im Rahmen eines Diskurses arbeitet das Team vornehmlich lösungsorientiert. Gruppenmitglieder interagieren tendenziell auf beziehungsorientierter Ebene, in der es Sieger und Verlierer gibt. Zusammenfassend, fokussieren Teammitglieder die Lösung einer Aufgabe bzw. Problems. Der Ansatz eines kooperativeren Miteinander, indem jedem Mitglied Gleichwertigkeit zugesprochen wird, ist elementarer Erfolgsfaktor zur Zielerreichung von Teams.[41]

1.2 Merkmale virtueller Teams und damit verbundene mögliche Herausforderungen

Im beruflichen, schulischen und universitären Kontext hat sich die traditionelle Teamarbeit zu einer gängigen Arbeitsform entwickelt. Die heutigen Kommunikationstechnologien ermöglichen nun eine Teamarbeit, bei der sich die

---

[37] Vgl. Fassnacht, K: 2010, S. 4 (19.01.2017)
http://www.fassnachtct.com/fileadmin/templates/multiflex4/pdf/SLVT01_GrundlagenVirTeams.pdf
[38] Vgl. Sulzbacher, M.: 2003, S. 9-12
[39] Vgl. Wahren, H: 1994, S. 40
[40] Vgl. Verbeck, A.: 2001, S. 35
[41] Vgl. Posé, U.: 2016, S. 193

Mitglieder nicht unmittelbar räumlich zusammenfinden müssen.[42] Dies ist auch gerade dann schwer vorstellbar, wenn die erforderlichen Teilnehmer global verteilt sitzen. Folgend wird erläutert mit welchen Merkmalen sich die virtuelle Teamarbeit von der traditionellen Teamarbeit abhebt.

1.2.1 Distanz

Virtuelle Teams sind nicht örtlich gebunden. D.h. der physische Distanzbereich in denen Interaktionen stattfinden, liegt außerhalb des öffentlichen Bereichs von acht Metern. Folglich kommen Kommunikationstechnologien zum Einsatz, die die informelle Kommunikation schmälern. Der Grad der Reduzierung hängt stark vom verwendeten Medium ab.[43] Bei Nutzung eines ausschließlich auditiven Mediums etwa, entfällt die Körpersprache, Gestik und Mimik als Kommunikationskanal. Während bei einem Teammeeting, bei dem eine visuelle und auditive Wahrnehmung gegeben ist, die nonverbalen Signale gesendet und empfangen werden können.

1.2.2 Zeit

Die globale Verteilung der Teammitglieder kann herausfordernd sein. Gerade wenn sich die Mitglieder in verschiedenen Zeitzonen befinden. Entscheidet sich das Team für regelmäßige Zusammenschlüsse in Form von Videokonferenzen bzw. Online-Besprechungen, müssen für alle Teilnehmer akzeptable Zeiten gefunden werden. Alternative Möglichkeiten sind der Einsatz von asynchronen Kommunikationsmedien wie der klassischen Email oder auch Onlineforen, die die informelle Kommunikation schwächen.

1.2.3 Kultur

Teamarbeit, ob virtuell oder traditionell, weist eine Vielfalt von Individuen auf. Gerade die unterschiedlichen Kompetenzen, Sichtweisen und Erfahrungswerte können als konstruktive Erfolgskriterien betrachtet werden. Gleichermaßen stellen gerade kulturelle Unterschiede auch Herausforderungen da.[44] Um ein gegenseitiges Verständnis zu begünstigen bietet sich ein kulturelles

---

[42] Vgl. Isermann, O.: 2003, S.1
[43] Vgl. Fassnacht, K: 2010, S. 12-13 (19.01.2017)
http://www.fassnachtct.com/fileadmin/templates/multiflex4/pdf/SLVT01_GrundlagenVirTeams.pdf
[44] Vgl. Fassnacht, K: 2010, S. 18-19 (19.01.2017)
http://www.fassnachtct.com/fileadmin/templates/multiflex4/pdf/SLVT01_GrundlagenVirTeams.pdf

Teamtraining an. Die Teammitglieder können in einem Workshop elementares über die Kultur der anderen Teilnehmer erfahren. Dies wirkt sich förderlich auf die künftige Zusammenarbeit aus und erleichtert den Umgang miteinander.[45]

1.2.4 Organisationsstruktur

Die Organisationsstruktur virtueller Teams unterscheidet sich erst einmal nicht von der eines traditionellen Teams. Auch hier gilt die Hierarchiefreiheit unter den Teammitgliedern. Häufig wird ein Teamleiter für die Dauer der Zusammenarbeit bestimmt. Dieser nimmt jedoch nicht die Funktion eines disziplinarischen Vorgesetzten ein und ist üblicherweise eher als Fachvorgesetzter definiert.[46] Das Team kann aus Mitarbeitern verschiedenster Abteilungen mit unterschiedlichen Funktionen bestehen. Eine Teamkonstellation von Mitarbeitern aus verschiedenen Interessensgruppen kann durchaus förderlich sein für Organisationen.[47]

1.2.5 Kommunikation

Kommunikation beschreibt einen komplexen Prozess.[48] Sie beinhaltet eine Sach- bzw. Inhaltsebene und eine Gefühls- oder Beziehungsebene.[49] Kommunikation funktioniert wechselseitig und beteiligt mindestens zwei Personen, den Sender und den Empfänger.[50] Neben der verbalen Kommunikation gibt die nonverbale Kommunikation in Form von Gestik und Mimik Auskunft über die Beziehungsebene von Sender und Empfänger und liefert Hinweise über emotionale Empfindungen der Interaktionspartner.[51] Die geographische Dezentralität der Teammitglieder stellt besondere Ansprüche an die Kommunikationskompetenzen der Teilnehmenden. Es erfolgt keine oder eine seltene Face-to Face Kommunikation. Die digitale Kommunikation kann durch die fehlende nonverbale Komponente beeinflusst werden. Möglicherweise erfolgt eine Fehlinterpretation beim Empfänger und sorgt für Störungen.[52] Allerdings haben sich mittlerweile allgemeine Umgangsformen und Regeln der virtuellen

[45] Vgl. Müller, E. B.: 2011, S. 38
[46] Vgl. Fassnacht, K: 2010, S. 10 (19.01.2017)
http://www.fassnachtct.com/fileadmin/templates/multiflex4/pdf/SLVT01_GrundlagenVirTeams.pdf
[47] Vgl. Sulzbacher, M.: 2003, S. 70
[48] Vgl. Hintermann, J.:2010, S. 10
[49] Vgl. Breger, W./Tracht, C.: 2014, S. 90
[50] Vgl. Hintermann, J.:2010, S. 10
[51] Vgl. Breger, W./Tracht, C.: 2014, S. 90
[52] Vgl. Schirmer, U./Woydt, S.: 2016, S. 122

Kommunikation durchgesetzt. Gerade in Emails wird die Symbolik verwendet um Missverständnissen vorzubeugen.[53] Zudem sind Nutzern der virtuellen Informationsübermittlung die Interpretationsbreite des Geschriebenen überwiegend bewusst.

2 Nennung und Rollenverständnis der involvierten Akteure

Virtuelle Teams haben wie konventionelle Teams in der Regel einen Teamleiter, der je nach Umfang bzw. Komplexität der Aufgaben auch Kompetenzen auf andere Mitglieder übertragen kann.[54] Wie zuvor beschrieben setzt sich das Team aus Mitarbeitern der verschiedensten Fachbereiche zusammen, mit unterschiedlichen Funktionen. Der geringe persönliche Kontakt fordert somit breitgefächerte Kompetenzen der einzelnen Teammitglieder, insbesondere des Teamleiters.

2.1 Teamleiter virtueller Teams

Die Anforderungen an Teamleitungen virtueller Teams sind nicht zwangsläufig höher als bei der Leitung traditioneller Teams.[55] Je nach Umfang bzw. Komplexität der Aufgaben kann der Teamleiter auch Führungskompetenzen auf andere Mitglieder übertragen.[56] Eine nahe Kontrolle findet hier keine Anwendung und somit wird die Teamarbeit anhand der vereinbarten Ziele und dem Grad der Erreichung gemessen.[57] In seiner Funktion als Teamleiter sollte er eine hohe Vertrauensbereitschaft in die Fähigkeiten des Teams zeigen und dennoch die Teilergebnisse einfordern. Mit einer ausgeprägten Kommunikationskompetenz, und der Fähigkeit Menschen auch auf räumlichen Distanzen hinweg motivieren zu können, wird eine erfolgreiche Teamarbeit begünstigt.

2.2 Mitarbeiter virtueller Teams

Bei der Zusammensetzung eines virtuellen Teams sind fachliche und soziale Kompetenzen gleichermaßen bedeutsam. Jedes Mitglied hat Teilaufgaben eigenständig zu bearbeiten und zum vereinbarten Zeitpunkt abzuliefern. Zudem muss er sich in das Team einfügen und im Sinne des Teams agieren. Dies

---

[53] Vgl. Breger, W./Tracht, C.: 2014, S. 89
[54] Vgl. Müller, E. B.: 2011, S. 209
[55] Vgl. Müller, E. B.: 2011, S. 209
[56] Vgl. Senst, E.: 2001, S. 64
[57] Vgl. Müller, E. B.: 2011, S. 209

erfordert u.a. ein hohes Maß an intrinsischer Motivation und Selbstkontrolle, Flexibilität und Zuverlässigkeit, als auch ein offener Umgang moderner technologischer Kommunikationskanäle.[58]

3 Vorteile und Nutzen virtueller Teams

Aus den beschriebenen Merkmalen virtueller Teams gehen bereits einige Argumente hervor, die für die Nutzung virtueller Teams sprechen. Es entstehen dabei für die Organisationen selbst aber auch für die individuellen Teammitgliedern Vorteile. Unternehmen können das Expertenwissen Ihrer global verteilten Mitarbeiter bündeln. Die räumliche Unabhängigkeit spart zudem finanzielle Ressourcen u.a. für die Transportwege der Mitarbeiter, Unterkünfte und Verpflegung, wie auch die Räumlichkeiten, die konventionelle Teams benötigen.[59] Zudem können Organisationen flexibel auf Markterfordernisse eingehen und bleiben damit global wettbewerbsfähig. Für den einzelnen Mitarbeiter bedeutet die virtuelle Teamarbeit eine Reduzierung der Reisezeiten und eine flexiblere Einteilung ihrer Arbeit. Die virtuellen Kommunikationskanäle ermöglichen via Home-Office zu arbeiten, was den Mitarbeitern wiederum mehr Flexibilität und Zeit für den privaten Bereich einräumt.[60]

---

[58] Vgl. Fassnacht, K: 2010, S. 12-13 (19.01.2017)
http://www.fassnachtct.com/fileadmin/templates/multiflex4/pdf/SLVT01_GrundlagenVirTeams.pdf
[59] Vgl. Lehrmann, K.: 2003, S. 7
[60] Vgl. Fassnacht, K: 2010, S. 37 (19.01.2017)
http://www.fassnachtct.com/fileadmin/templates/multiflex4/pdf/SLVT01_GrundlagenVirTeams.pdf

Literaturverzeichnis

Arnold, N.: Analysen & Argumente, Was bedeutet „Wissensgesellschaft"? Herausforderungen und Ziele. Ausgabe 112, Berlin 2012

Aulenbacher, B./Funder, M./Jacobsen, H./Völker: Arbeit und Geschlecht im Umbruch der modernen Gesellschaft: Forschung im Dialog. 1. Auflage. Wiesbaden 2007

Breger, W./Tracht, C.: Arbeitswelten und Organisation im Wandel SRH Riedlingen, 3. Auflage. Riedlingen 2014.

Daser, B.: Mensch oder Kostenfaktor? Über die Haltbarkeit psychologischer Verträge im Outsourcing-Prozess. 1. Auflage, Wiesbaden 2009.

Gonschorrek, U./Hoffmeister, W.: Ganzheitliches Management ein Lernbaustein zum Selbststudium. Band 4, Berlin 2006.

Hintermann, J.: Ich kommuniziere – also bin ich! Zürich 2010.

Isermann, O.: Traditionelle und virtuelle Kooperationsformen: Teamarbeit: Theoretischer Vergleich und empirische Analyse, Paderborn 2003.

Lehrmann, K.: Auswahl von Mitgliedern virtueller Teams. Entwicklung und Validierung eines Online- Testverfahrens. 1. Auflage, Kiel 2003.

Müller, E. B.: Erfolgreich in virtuellen Teams., EPub, 2011

Posé, U.: Von der Führungskraft zur Führungspersönlichkeit: Vom Wert einer Vertrauens- und Verantwortungskultur. 1. Auflage, Wiesbaden 2016.

Roschker, N. S.: Psychische Gesundheit in der Arbeitswelt. Soziale und ökonomische Relevanz für Gesellschaft und Unternehmen. Wiesbaden 2014.

Schirmer, U./Woydt, S.: Mitarbeiterführung, 3. Auflage, Berlin 2016

Senst, E.: Virtuelle Teamarbeit, Kiel 2001.

Kuda, E./Strauß, J.: Arbeitnehmer als Unternehmer? Herausforderungen für Gewerkschaften und berufliche Bildung, Hamburg 2002

Sulzbacher, M: Virtuelle Teams. Eine Möglichkeit, komplexe Aufgaben über Raum, Zeit und Organisationsgrenzen hinweg effektiv nutzen zu können? 1. Auflage, Marburg 2003.

Treier, M.: Personalpsychologie. 1. Auflage, Basel 2011.

Verbeck, A.: Kooperative Innovation. Effizienzsteigerung durch Team-Management. Band 10, Zürich 2001

Vonken, M.: Handlung und Kompetenz. Theoretische Perspektiven für die Erwachsenen- und Berufspädagogik, 1. Auflage, Wiesbaden 2005.

Wahren, H..: Gruppen- und Teamarbeit in Unternehmen, Berlin 1994

Wilkens, U.: Management von Arbeitskraftunternehmern. Psychologische Vertragsbeziehungen und Perspektiven für die Arbeitskräftepolitik in wissensintensiven Organisationen, 1. Auflage, Wiesbaden 2004.

Internetquellenverzeichnis

Fassnacht, K: Grundlagen der virtuellen Teamarbeit, 2010 URL:
http://www.fassnachtct.com/fileadmin/templates/multiflex4/pdf/SLVT01_Grundla
genVirTeams.pdf

Jankowski, T.: Work-Life-Blending: Die Mehrheit der Deutschen bewertet die
Verschmelzung von Arbeit und Freizeit noch kritisch, 2015 URL:
http://www.rundstedt.de/presse/pressemitteilungen/talents-trends-work-life-
blending/

Geißler, R.: Die Sozialstruktur Deutschlands, 2014 URL:
www.springer.com/cda/content/document/cda.../9783531186290-
c1.pdf?SGWID

Gill, B.: Vorlesung: Sozialstrukturanalyse, 2010. URL: http://b-
gill.userweb.mwn.de/Lehrveran/10WS/lv2_fol/F10.pdf

Jendryschik, M.: Die Wissensgesellschaft, 2003.
URL: http://jendryschik.de/archiv/wissensgesellschaft

Kalkowski, P./Mickler, O.:
URL:http://www.sofigoettingen.de/fileadmin/Publikationen /SOFI-
Mitteilungen_30_kalkowski_mickler.pdf

Maier, G. W.: Taylorismus.
URL:.http://wirtschaftslexikon.gabler.de/Definition/taylorismus.html

Metze-Mangold, V.
URL:https://www.unesco.de/fileadmin/medien/Dokumente/Kommunikation/Metz
e-Mangold_Wissensgesellschaft_Vortrag_Dresden_2012.pdf

Lutz, K./Olos, L./Zeh, K.: Arbeitskraftunternehmer. „Erwerbsbiographien der
Zukunft". 2007.
URL: http://www.ewi-psy.fu-
berlin.de/einrichtungen/arbeitsbereiche/arbpsych/media/lehre/ws0708/12730/au
sarbeitung_arbeitskraftunternehmer.pdf

Pongratz, H.J./Voß, G.G.: Erwerbstätige als „Arbeitskraftunternehmer".
Unternehmer Ihrer eigenen Arbeitskraft?
URL: http://www.arbeitenundleben.de/downloads/AKUSowiOrig.pdf

Pongratz, H.J./Voß, G.G.: Berufliche Sicherheit und Spaß an Herausforderung
– Erwerbsorientierungen in Gruppen und Projektarbeit
URL: http://www.boeckler.de/wsimit_2003_04_pongratz.pdf

Steinbicker, J.: URL: http://link.springer.com/chapter/10.1007%2F978-3-531-
93356-6_3#page-2